COSAS
DE
MARÍA

Rafaela de Jesús Almagro Collado

APULEYO EDICIONES   FOMENTO DE VALORES   CUENTOS ILUSTRADOS

EL DUENDE DE LA VERDAD

APULEYO EDICIONES   FOMENTO DE VALORES   CUENTOS ILUSTRADOS

A mi marido que siempre me apoya en todas mis aventuras y proyectos.

Y a mis hijos Rubén y Valeria que ellos me inspiran para crear y escribir mis cuentos, manteniendo siempre viva la imaginación.

María es una niña muy simpática y alegre, aunque a veces también un poco revoltosa, como dice su mamá. Le gusta mucho patinar y divertirse con sus amigas.

Un día María entró a su cocina, abrió la nevera, cogió un trocito de chocolate a escondidas y se lo comió sin que nadie la viera.

LECHE
CALENDARIO

Un poco más tarde, su mamá le preguntó:
—María, ¿tú has comido chocolate?

—No, mamá, ¿yooooo? No.
Se retiró y siguió jugando.

Pasado un rato, fue a buscar su libro preferido para leerlo.
Lo buscó por todos lados y no logró encontrarlo, pero
no dijo nada, porque a veces cogía las cosas y las dejaba
en lugares donde no correspondía.

Era... un poquito desordenada.

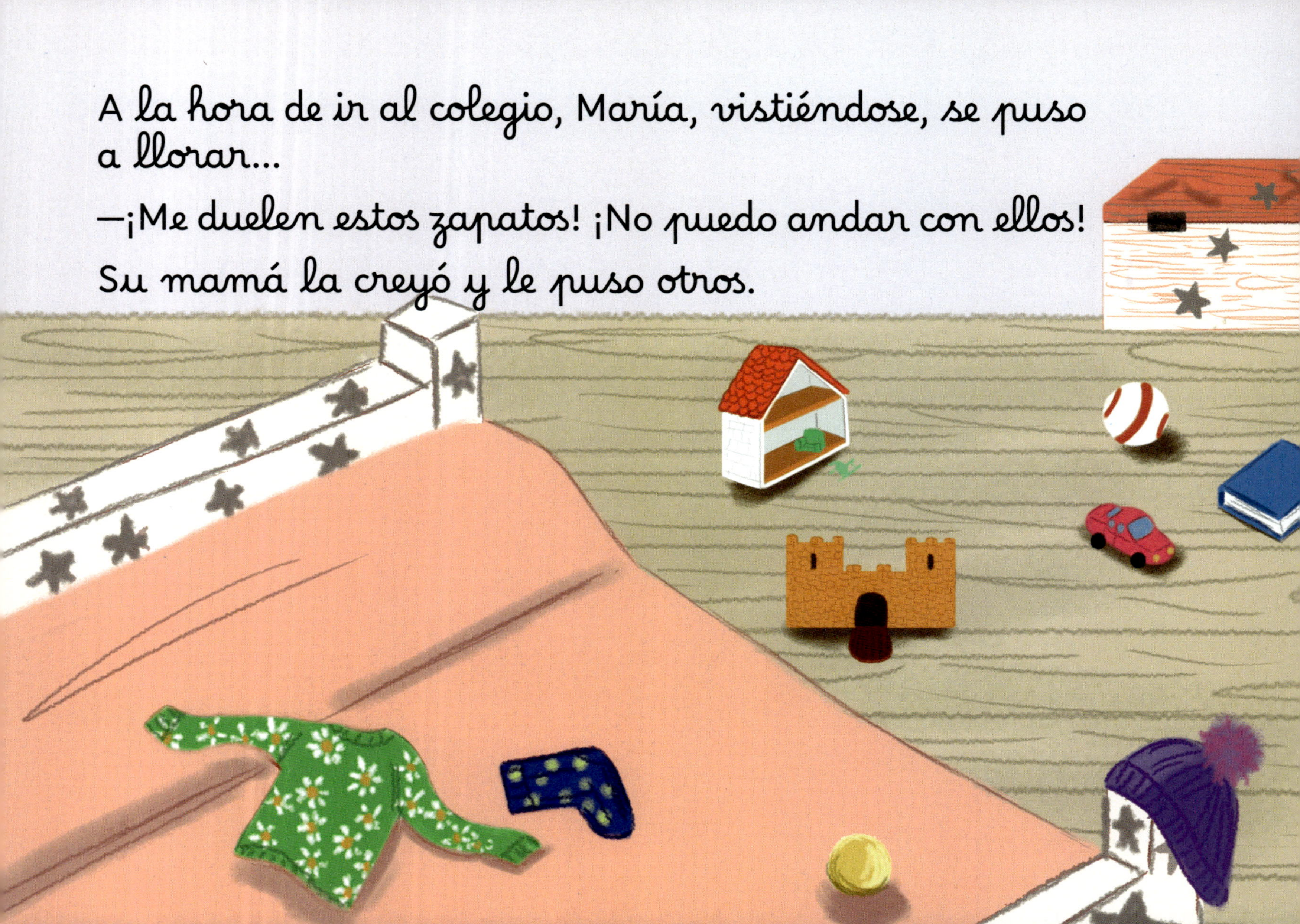

A la hora de ir al colegio, María, vistiéndose, se puso
a llorar...

—¡Me duelen estos zapatos! ¡No puedo andar con ellos!

Su mamá la creyó y le puso otros.

A la mañana siguiente, María buscó sus zapatos preferidos y...
¡No estaban por ningún sitio!
¡Habían desaparecido!

Al siguiente día, era hora de ir a natación, María no tenía ganas de ir.

Cuando se acercó su mamá, empezó a llorar.

—Me duele mucho la cabeza. No puedo ir, mamá, estoy malita, no me encuentro bien.

Su mamá decidió dejarla acostada, para que se pusiera buena y se le quitara el dolor.

Al levantarse de la cama, María fue a coger su muñeca preferida para jugar y...

—¡No está! ¡Mamáááá, mi muñeca ha desaparecido!

Se acercó su mamá y le preguntó:

—¿Qué te pasa, María?

—Puesssss... que me han desaparecido muchas cosas. Mi libro, mis zapatos, y ahora mi muñeca.

—Pero... ¿cómo es eso? ¿Has hecho algo que no esté bien, María?

—No, mamá...

—Bueno... Algunas veces... he dicho cosas que no son verdad.

—¿Cómo? ¿Me has mentido? A ver... Cuéntame.

—¿Te acuerdas cuando el otro día me preguntaste si había comido chocolate?

—Sí, había comido y te dije que no. Y... ¿sabes qué pasó?
Desapareció mi cuento.

»Y... ¿Te acuerdas cuando me empecé a quejar de que me dolían los pies, a la hora de ir al colegio?

»Pues no me dolían, es que... ¡no me gustaban!

»Más tarde, desaparecieron mis zapatos preferidos.

»Y... ¿Recuerdas, mamá, a la hora de ir a natación? No estaba malita, es que no tenía ganas de ir.

»Y ahora... ¡ha desaparecido mi muñeca!

¡PUF!

María se puso a llorar y le pidió perdón a su mamá.
—¡No volveré a mentir, mamá!

Cuando pasó una semana, volvieron a aparecer sus cosas:
su libro, sus zapatos y su muñeca preferida.
Al verlos se puso muy contenta.
—¡Qué biennnn, ya tengo mis cosas!

Al coger la muñeca vio que tenía una carta debajo.

La nota decía:

«Hola, María, soy Dady, el duende de la verdad.
No vuelvas a mentir porque el que dice mentiras le
puede desaparecer todo lo que le gusta y... se puede
quedar sin nada.

Saludos, Dady».

A partir de ese día María no volvió a mentir, siempre decía la verdad. Y ahora, es mucho más feliz y divertida.

©Rafaela de Jesús Almagro Collado (de la obra)
©Apuleyo Ediciones (de esta edición)
Primera edición en Apuleyo Ediciones: febrero 2025
Diseño de cubierta: Alejandro Rosas
Corrección: Aitor Andreu Guerrero
Maquetación: Alejandro Rosas
Ilustraciones: Ana Santiago Clemente
Coordinación editorial: Isidoro Cidre González
info@apuleyoediciones.com
www.apuleyoediciones.com
ISBN: 978-84-1060-498-8
Depósito legal: H-635-2024

Hecho e impreso en España.